En el acuario

Volumen

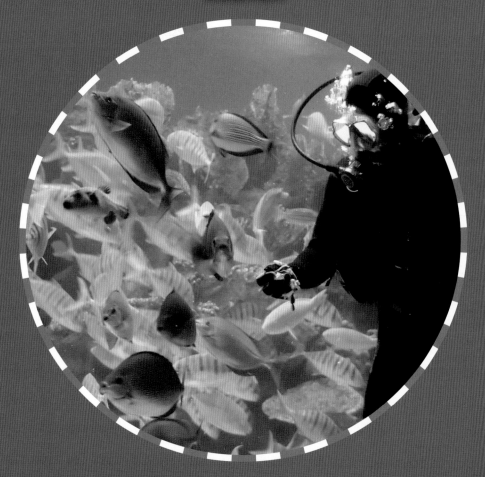

Dianne Irving

Créditos de publicación

Editora
Sara Johnson

Directora editorial
Dona Herweck Rice

Editora en jefe
Sharon Coan, M.S.Ed.

Directora creativa
Lee Aucoin

Editora comercial
Rachelle Cracchiolo, M.S.Ed.

Créditos de imagen

La autora y los editores desean agradecer y reconocer a quienes otorgaron su permiso para la reproducción de materiales protegidos por derechos de autor: portada Shutterstock; pág. 1 Shutterstock; pág. 4 Photolibrary.com; pág. 5 Tennessee Aquarium; pág. 6 iStockphotos; pág. 8 iStockphotos; pág. 9 Alamy; pág. 10 Shutterstock; pág. 11 (arriba) Photolibrary.com; (abajo) Corbis; pág. 12 Oregon Coast Aquarium; pág. 13 Alamy; pág. 14 Tennessee Aquarium; pág. 15 Corbis; pág. 16 iStockphotos; pág. 17 Tennessee Aquarium; pág. 18 Shutterstock; pág. 19 Shutterstock; pág. 20 Corbis; pág. 21 (arriba) Oregon Coast Aquarium; (abajo) iStockphotos; pág. 22 Tennessee Aquarium; pág. 23 Oregon Coast Aquarium; pág. 24 (arriba) iStockphotos; (abajo) Corbis; pág. 25 Shutterstock; pág. 26 Corbis; pág. 27 Alamy; pág. 28 Dallas Aquarium

Si bien se ha hecho todo lo posible para buscar la fuente y reconocer el material protegido por derechos de autor, los editores ofrecen disculpas por cualquier incumplimiento accidental en los casos en que el derecho de autor haya sido imposible de encontrar. Estarán complacidos de llegar a un acuerdo idóneo con el propietario legítimo en cada caso.

Teacher Created Materials

5301 Oceanus Drive
Huntington Beach, CA 92649-1030
http://www.tcmpub.com
ISBN 978-1-4938-2952-1
© 2016 Teacher Created Materials, Inc.

Contenido

Visita a un acuario

Los visitantes de un acuario pueden ver muchos animales **marinos**. Hay diferentes tipos de peces. Hay **mamíferos** como las ballenas, las focas y las nutrias de mar. Y hay **invertebrados** como las medusas y los pulpos.

Los científicos marinos trabajan en los acuarios. Recopilan información sobre animales marinos.

Esta científica marina inspecciona el agua de la pecera para verificar qué tan limpia está.

Un tiburón trozo

Los animales en un acuario se conservan en **recintos** llamados peceras. Cada animal necesita un espacio lo suficientemente grande como para vivir en él. El **gobierno** establece reglas sobre cómo se deben cuidar los animales. Las personas que dirigen los acuarios deben cumplir con estas reglas. Estas reglas protegen a los animales.

Tamaños de las peceras

El tamaño de una pecera en el acuario es muy importante. El tamaño y la cantidad de agua que contiene dependen del tipo de animal que vive en la pecera. El número de animales y la cantidad de años que viven también influirá en el tamaño de la pecera y la cantidad de agua.

Los delfines y las focas son animales marinos grandes. Necesitan peceras grandes. Estas peceras grandes contienen galones y galones de agua. Las peceras deben ser lo suficientemente grandes para que estos animales puedan moverse como si estuvieran en su entorno natural.

Una pecera con vista bajo el agua en un acuario

A menudo, las peceras de los acuarios tienen forma de prismas rectangulares. Se usan **fórmulas** matemáticas para calcular la cantidad de espacio necesario para las peceras. Las fórmulas emplean **unidades estándares** de medición. El **volumen** de las peceras se debe medir con precisión con una unidad estándar: pie cúbico (ft^3). Esto es importante para poder poner la cantidad correcta de agua en la pecera.

Para calcular el volumen, multiplica la longitud por el ancho por la altura: longitud × ancho × altura. La pecera a continuación mide 4 pies de largo y 2 pies de ancho. La altura es de 2 pies. Entonces, el volumen es de 4 ft × 2 ft × 2 ft = 16 ft^3.

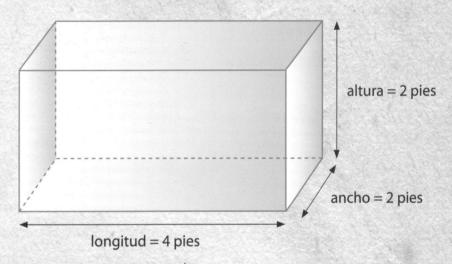

altura = 2 pies

ancho = 2 pies

longitud = 4 pies

EXPLOREMOS LAS MATEMÁTICAS

Usa la fórmula de volumen para responder estas preguntas. ¿Cuál es el volumen de una pecera que mide:

a. 6 pies de largo, 5 pies de ancho y 3 pies de alto?

b. 12 pies de largo, 10 pies de ancho y 4 pies de alto?

¿Cuánta agua?

Una beluga adulta **promedio** mide aproximadamente 14 pies (4 m) de longitud. La longitud y el ancho de una piscina para solo 1 beluga deben ser al menos dos veces la longitud de la beluga. Eso es 28 pies (8.5 m). La profundidad (altura) de la pecera debe ser al menos de 7 pies (2 m).

El volumen de una piscina de este tamaño es de 5,488 pies cúbicos (155 m³). Un pie cúbico es 7.48 galones. Se necesitan 41,050 galones (155,391 l) de agua para llenar la piscina.

Una beluga

$$
\begin{array}{r}
{}^{6}1 \\
28 \text{ pies (ancho)} \\
\times \quad 28 \text{ pies (longitud)} \\
\hline
224 \\
+ \; 560 \\
\hline
784 \text{ pies}
\end{array}
$$

$$
\begin{array}{r}
5\;2 \\
784 \\
\times \qquad 7 \text{ pies (altura/profundidad)} \\
\hline
5,488 \text{ pies cúbicos}
\end{array}
$$

El recinto de la beluga en el Acuario Shedd de Chicago mide 18 pies (5 m) de profundidad y contiene 400,000 galones (1.5 millones l) de agua. Es el recinto bajo techo más grande del mundo para mamíferos marinos.

El Acuario Shedd usa sustancias químicas para hacer su propia agua de mar. Se necesitan aproximadamente 3 millones de galones (11.3 millones l) de esta agua de mar por año para mantener las peceras llenas y limpias.

EXPLOREMOS LAS MATEMÁTICAS

Se necesitan 7.48 galones de agua para llenar 1 pie cúbico en una pecera. ¿Cuánta agua se necesita para llenar:

a. una pecera con un volumen de 2 ft³?

b. Si una pecera contiene 748 galones de agua, ¿cuál es el volumen en pies cúbicos?

Las nutrias de mar a menudo nadan de espalda sobre la superficie del agua.

La longitud promedio de una nutria de mar es de 4 pies. La longitud y el ancho de una piscina para solo 1 nutria de mar deben ser al menos 3 veces la longitud de la nutria de mar. La piscina debe medir al menos 3 pies (aproximadamente 1 m) de profundidad. Para llenar esta piscina, se necesitan 3,231 galones (12,230 l) de agua. ¿Cómo se calculó esta cantidad?

EXPLOREMOS LAS MATEMÁTICAS

Dibuja un prisma rectangular para representar una pecera que tendrá 1 nutria de mar. Ahora usa la información que leíste anteriormente sobre las nutrias de mar para hacer lo siguiente:

a. Rotula la altura (profundidad) de la pecera.

b. Usa la longitud de la nutria de mar para determinar la longitud y el ancho de la pecera.

c. Determina el volumen de la pecera.

¿Qué cantidad de agua es eso?

Una piscina de tamaño olímpico contiene más de 640,000 galones (2.4 millones l) de agua.

El recinto de la nutria marina del Acuario de la Bahía de Monterey en California contiene 55,000 galones (208,198 l) de agua. Allí viven 4 nutrias. Todas las nutrias de mar fueron rescatadas de la vida silvestre. Los visitantes aprenden cómo viven las nutrias de mar en la naturaleza al observarlas en el acuario.

Un recinto para nutrias de mar

El ancho y la longitud de una piscina para solo 1 foca debe ser al menos de 9 pies (2.7 m). Eso es cerca de 1½ veces la longitud de una foca adulta promedio. La profundidad de la piscina debe ser al menos de 3 pies (aproximadamente 1 m).

El volumen de una piscina de este tamaño es de 243 pies cúbicos (6.8 m³). Se necesitarán 1,818 galones (6,882 l) de agua para llenar esta piscina.

Una foca de puerto disfruta del cálido sol.

El Acuario de Vancouver en Canadá tiene 166 vitrinas. Estas vitrinas contienen un total de 2.5 millones de galones (9.5 millones l) de agua. El acuario es el hogar de 4 belugas.

EXPLOREMOS LAS MATEMÁTICAS

Cuando conoces el volumen, la longitud y el ancho de una pecera, puedes determinar la altura. La fórmula que se debe usar es: volumen ÷ (longitud × ancho) = altura.

El volumen de la pecera a continuación es de 72 pies cúbicos. Determina la altura (profundidad) de la pecera usando la fórmula a continuación y la información del diagrama. *Pista*: Resuelve primero la parte de la ecuación en el paréntesis.

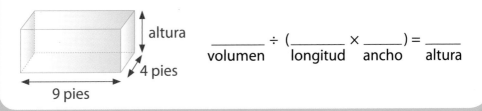

altura

4 pies

9 pies

_____ ÷ (_____ × _____) = _____
volumen   longitud   ancho   altura

Pesaje de animales

Los científicos marinos deben cuidar la salud de los animales. Asegurarse de que los recintos sean lo suficientemente grandes es una manera de cuidar a los animales. Otra manera es registrar el peso de los animales para verificar que estén saludables.

Se está pesando a este pingüino de penacho.

Este científico marino pesa crías de foca.

Los científicos marinos tienen información sobre los pesos de diferentes **especies** de animales. Saben cuál es el peso usual de un animal recién nacido y el de uno completamente desarrollado. Los científicos usan esta información para verificar que los animales del acuario tengan el peso normal para su edad.

Pesaje de tiburones

¡Es muy difícil pesar un tiburón! ¿Cómo subirías un tiburón a una balanza?

Los científicos marinos encontraron una fórmula basada en la medición de pesos y longitudes de tiburones muertos. Estas mediciones se han recopilado con el tiempo. Los científicos marinos pueden **estimar** la longitud de un tiburón. Luego usan esta información para calcular el peso de un tiburón vivo.

Este tiburón toro vive en el Acuario de Melbourne en Australia. ¡Su pecera contiene más de 500,000 galones (2 millones l) de agua! Un tiburón toro completamente desarrollado pesa más de 600 libras (300 kg).

Los tiburones tigre pesan unas 20 libras (9 kg) cuando nacen. Pesan de 850 a 1,400 libras (386 a 635 kg) cuando están completamente desarrollados.

Los tiburones cabeza de pala pesan unas 6 onzas (170 g) cuando nacen. Pesan hasta 24 libras (11 kg) cuando están completamente desarrollados.

tiburón cabeza de pala

tiburón tigre

Pesaje de ballenas y delfines

Los delfines y las ballenas bebé se pueden levantar del agua con eslingas. Luego se pueden pesar con **balanzas de resortes** grandes.

Cuando las ballenas están completamente desarrolladas, es imposible pesarlas. ¡Son demasiado grandes para levantarlas fuera del agua! En cambio, los científicos marinos estiman su longitud. Luego usan una fórmula matemática para estimar el peso.

Las orcas macho pesan alrededor de 8 toneladas (7,257 kg). Las orcas hembra pesan hasta 4 toneladas (3,629 kg).

beluga

delfines nariz de botella

Las belugas pesan unas 119 a 176 libras (54 a 80 kg) cuando nacen. Pesan cerca de 3,300 libras (1,497 kg) cuando están completamente desarrolladas.

Los delfines nariz de botella del Atlántico pesan cerca de 44 libras (20 kg) cuando nacen. Cuando están completamente desarrollados, pesan entre 440 y 660 libras (200 a 300 kg).

EXPLOREMOS LAS MATEMÁTICAS

El volumen también se puede medir con la unidad métrica de metros cúbicos (m³). La fórmula es la misma que usamos con pies cúbicos: volumen = longitud × ancho × altura, pero la respuesta es en metros cúbicos.

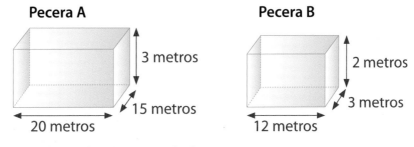

Pecera A

3 metros
15 metros
20 metros

Pecera B

2 metros
3 metros
12 metros

a. ¿Cuál es el volumen de la pecera A?

b. ¿Cuál es el volumen de la pecera B?

Pesaje de focas, lobos marinos y nutrias de mar

Las focas, los lobos marinos y las nutrias de mar se pueden entrenar para que se suban a las balanzas. Esto ayuda a los científicos marinos a medir su peso.

Las focas de puerto pesan unas 22 libras (10 kg) cuando nacen. Pesan de 100 a 375 libras (45 a 170 kg) cuando están completamente desarrolladas.

Estos científicos marinos pesan un lobo marino.

EXPLOREMOS LAS MATEMÁTICAS

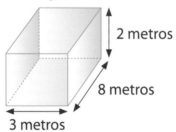

2 metros

8 metros

3 metros

En medidas métricas, 1 metro cúbico (1 m³) contiene 1,000 litros (l) de agua. Observa la pecera de arriba.

a. ¿Cuántos litros de agua contiene?

b. Explica cómo resolviste este problema.

Los lobos marinos de California pesan cerca de 13 libras (6 kg) cuando nacen. Cuando están completamente desarrolladas, las hembras pesan de 110 a 243 libras (50 a 110 kg). Los machos adultos pesan de 440 a 880 libras (200 a 400 kg).

Las nutrias de mar del norte pesan cerca de 3 a 5 libras (1.4 a 2.3 kg) cuando nacen. Cuando están completamente desarrolladas, las hembras pesan de 40 a 60 libras (18 a 27 kg). Los machos pesan hasta 100 libras (45 kg).

nutria de mar

lobos marinos

Alimentación de los animales

Es importante proporcionar a los animales la cantidad correcta de comida. En los acuarios la comida se prepara cuidadosamente en cocinas especiales. Los trabajadores de la cocina pesan la comida para que los animales reciban solo la cantidad necesaria.

Un científico marino prepara el alimento

Alimento congelado

La mayoría del alimento para los animales en los acuarios se compra a proveedores de pescado. Se conserva en grandes congeladores.

Bombeo de alimento

Algunos acuarios bombean agua de mar en sus peceras. Esta agua de mar contiene alimento para muchos animales que viven en las peceras.

Esta nutria de mar se alimenta con un **molusco**.

Las nutrias, a diferencia de las ballenas, no tienen **grasa cetácea** para mantener el calor. Pierden calor en el agua. Las nutrias de mar mantienen el calor al permanecer en movimiento. Necesitan comer mucho alimento para tener energía.

Las nutrias de mar comen cerca de 16 libras (7 kg) de alimento por día. Su dieta incluye camarones, cangrejos y almejas.

Las belugas comen cerca de 45 libras (20 kg) de alimento por día. Comen calamares y peces, como el arenque. Los lobos marinos de California comen hasta 15 libras (7 kg) de alimento en un día. Comen peces, calamares y pulpos.

beluga

lobos marinos de California

Alimentación de delfines

Los delfines nariz de botella comen cerca de 22 libras (10 kg) de alimento por día. Su dieta incluye diferentes tipos de peces y calamares.

EXPLOREMOS LAS MATEMÁTICAS

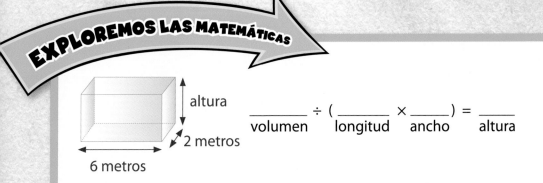

$$\underline{} \div (\underline{} \times \underline{}) = \underline{}$$
volumen   longitud   ancho   altura

altura

2 metros

6 metros

El volumen de la pecera de arriba es de 48 m³. Determina la altura (profundidad) de la pecera usando la información del diagrama y la fórmula: volumen ÷ (longitud × ancho) = altura

Pista: Resuelve primero la parte de la ecuación en el paréntesis.

Manejo de un acuario

El oceanario del Parque Oceánico de Manila en Filipinas contiene más de 3 millones de galones (11.3 millones l) de agua. El oceanario exhibe peces, tiburones, rayas e invertebrados marinos nativos de Filipinas y del sudeste de Asia. Hay un túnel peatonal de 82 pies (25 m) de largo que atraviesa el oceanario.

Un científico marino dentro del oceanario del Parque Oceánico de Manila

Este limpiador de vidrio usa un equipo de **buceo** para hacer su trabajo.

Muchas personas trabajan arduamente para cuidar a los animales en un acuario. Los animales deben estar bien alimentados y saludables. Las peceras deben tener el tamaño correcto y el agua en las peceras debe estar limpia. Un acuario bien mantenido permite que las personas disfruten de los asombrosos animales que viven allí.

Un problema de peces

André es dueño de su propio negocio. Construye peceras grandes y pequeñas para acuarios. Hace poco tiempo, construyó algunas peceras nuevas para el acuario Vista Marina.

- La pecera A mide 6 pies de largo, 4 pies de ancho y 5 pies de alto.

- La pecera B mide 15 pies de largo, 4 pies de ancho y 2 pies de alto.

- La pecera C mide 8 metros de largo y 4 metros de ancho. Tiene un volumen de 96 metros cúbicos.

¡Resuélvelo!

a. ¿Cuáles son los volúmenes de las peceras A y B?

b. ¿Qué notas sobre los volúmenes de ambas peceras?

c. ¿Cuál es la altura de la pecera C?

d. ¿Cuántos litros de agua contiene la pecera C?

Usa los siguientes pasos como ayuda para responder las preguntas anteriores.

Paso 1: Para resolver la pregunta **a**, usa la fórmula:
longitud × ancho × altura = volumen

Paso 2: Para responder **b**, piensa en las dimensiones de ambas peceras A y B. *Pista*: Puede resultarte útil dibujar un prisma rectangular para cada pecera y marcar las dimensiones.

Paso 3: Para resolver la pregunta **c**, usa la formula:
volumen ÷ (longitud × ancho) = altura. Recuerda resolver primero la parte de la ecuación en el paréntesis.

Paso 4: Usa el volumen de la pecera C para calcular cuántos litros contiene. *Pista*: 1 metro cúbico (1 m³) contiene 1,000 litros (l) de agua.

Glosario

balanzas de resortes: tipos de balanzas en la que el peso se mide en relación a qué tan lejos se estira el resorte

buceo: un aparato autónomo para respirar bajo el agua

especies: tipos de animales

estimar: juzgar o calcular aproximadamente

fórmulas: planes o estrategias

gobierno: el grupo de personas elegidas para gobernar un país o estado

grasa cetácea: una capa gruesa de grasa debajo de la piel de los mamíferos que habitan el mar, como ballenas y focas

invertebrados: animales sin columna vertebral

mamíferos: animales cuyas crías se alimentan de la leche de la madre

marinos: que viven en el mar o se relacionan con él

molusco: un animal con un cuerpo blando que usualmente vive dentro de un caparazón

promedio: lo más común o usual

recintos: lugares para mantener a los animales

unidades estándares: cantidades o cifras comunes que usan la mayoría de las personas

volumen: la cantidad de espacio que ocupa un objeto

Índice

Exploremos las matemáticas

Página 7:

a. 6 ft × 5 ft × 3 ft = 90 ft³

b. 12 ft × 10 ft × 4 ft = 480 ft³

Página 9:

a. 7.48 × 2 = 14.96 galones de agua

b. Volumen = 100 ft³

Página 10:

a.–b.

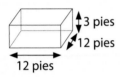

3 pies

12 pies

12 pies

c. 12 ft × 12 ft × 3 ft = 432 ft³

Página 13:

Volumen ÷ (longitud × ancho) = altura

72 ft³ ÷ (9 × 4) = altura

72 ft³ ÷ 36 = 2 pies de alto

Página 19:

a. 20 m × 15 m × 3 m = 900 m³

b. 12 m × 3 m × 2 m = 72 m³

Página 20:

a. 3 m x 8 m × 2 m = 48 m³

48 m³ × 1,000 litros = 48,000 litros de agua

b. Las respuestas variarán.

Página 25:

48 m³ ÷ (6 m × 2 m) = altura

48 m³ ÷ 12 m = 4 metros de altura

Actividad de resolución de problemas

a. Pecera A: 6 ft × 4 ft × 5 ft = 120 ft³

Pecera B: 15 ft × 4 ft × 2 ft = 120 ft³

b. Las respuestas pueden variar, pero deben incluir el hecho de que la pecera A y la pecera B tienen el mismo volumen, aunque tengan dimensiones diferentes.

c. 96 m³ ÷ (8 m × 4 m) = 3 m

La pecera C tiene una altura de 3 metros.

d. 96 m³ × 1,000 l = 96,000 l

La pecera C contiene 96,000 litros de agua.